大展好書　好書大展
品嘗好書　冠群可期

大展好書　好書大展
品嘗好書・冠群可期

實用武術技擊 24

詠春拳尋橋標指

附VCD

韓廣玖 著

大展出版社有限公司

作者簡介

　　韓廣玖　1956 年出生於廣州，自幼隨父習武，16 歲從名師譚迪修蔡李佛拳，20 歲參軍入伍並在邊防部隊磨練多年，20 世紀 80 年代，先後師從詠春拳（梁贊派系）嫡傳八代傳人彭南及佛山太極宗師區榮鉅研習詠春拳及楊式太極、六合八法等拳術，同時專注於南派武術的系統研究並卓有成效，是中國武術段位五段武師，佛山武術協會理事。曾任廣東省佛山市精武體育會第 23、24 界理事，佛山市詠春活動中心副主任。

　　韓廣玖先生視研究和弘揚中華武術爲畢生事業，不僅爲此傳藝授徒，還注重深入生活，博取各家之長，突破傳統地域的限制，結合實際變通創新，逐步形成自己獨特的技藝風格，並提筆整理撰編武術專

著。已先後出版了《羅漢伏虎拳》、《蝴蝶雙掌與蝴蝶雙刀》、《鐵弓三線拳與行者棍》和《五形拳與十八纓槍》等多部南少林武術書籍，豐富和充實了中國傳統武術理論思想寶庫，爲海內外武術愛好者提供了重要的參考資料，深受海內外武術愛好者的青睞。

目　　錄

尋　橋

77. 朝右抱掌	103. 左插沙掌	129. 右單拜掌	155. 鈎針攤手
78. 中宮抱掌	104. 攤掌圈手	130. 右方左膀	156. 右邊雙膀
79. 朝右抱掌	105. 將台豹拳	131. 左單抽拳	157. 右彈雙攤
80. 中宮抱掌	106. 左轉吊馬	132. 鉗陽按掌	158. 右方雙膀
81. 朝右抱掌	107. 力踢華山	133. 右插沙掌	159. 右彈攤手
82. 右分橋掌	108. 左單拜掌	134. 右攤圈手	160. 右方雙膀
83. 右攤左狀	109. 左方右膀	135. 將台豹拳	161. 右雙捋掌
84. 左攤右伏	110. 針彈拳掌	136. 左邊吊馬	162. 雙標指掌
85. 右攤左狀	111. 左單拜掌	137. 左撩陰腿	163. 雙下按掌
86. 推左上掌	112. 左方右膀	138. 鈎針攤手	164. 雙弓背掌
87. 推右上掌	113. 針彈拳掌	139. 左方雙膀	165. 雙對指掌
88. 推左上掌	114. 左單拜掌	140. 左彈攤手	166. 雙下插指
89. 一拳一掌	115. 左方右膀	141. 左方雙膀	167. 雙擺指掌
90. 朝右左膀	116. 右單抽拳	142. 左彈攤手	168. 雙長劍掌
91. 一拳一掌	117. 鉗陽按掌	143. 左方雙膀	169. 雙日字拳
92. 朝右左膀	118. 左下插掌	144. 左雙捋掌	170. 雙將台拳
93. 一拳一掌	119. 左攤圈手	145. 雙標指掌	171. 劍彈後踩
94. 朝右左膀	120. 將台豹拳	146. 雙下按掌	172. 抽腳前撩
95. 將台豹拳	121. 右轉吊馬	147. 雙弓背掌	173. 劍彈踩腳
96. 推右上掌	122. 力踢華山	148. 雙對指掌	174. 正左按掌
97. 推左上掌	123. 右單拜掌	149. 雙擺指掌	175. 正右按掌
98. 推右上掌	124. 右方左膀	150. 雙長劍掌	176. 正左按掌
99. 單抱月掌	125. 針彈拳掌	151. 左將台拳	177. 推右上掌
100. 右擺指掌	126. 右單拜掌	152. 偷後踩腳	178. 推左上掌
101. 右標指掌	127. 右方左膀	153. 右方吊馬	179. 推右上掌
102. 正捋下掌	128. 針彈拳掌	154. 右撩陰腿	180. 左日字拳

標　指

73. 黏摸標指	99. 擊左下肘	125. 左騎龍掌	151. 右沉龍掌
74. 蕩挶按掌	100. 標左側掌	126. 正左橫掌	152. 右閂攔掌
75. 左插右收	101. 標右陰掌	127. 左騎龍掌	153. 右割攤掌
76. 左攤圈手	102. 標左陽掌	128. 正左橫掌	154. 下按底掌
77. 將台豹拳	103. 雙騎龍掌	129. 圈割擺拳	155. 圈手握掌
78. 右單拜掌	104. 雙挶按掌	130. 將台豹拳	156. 將台豹拳
79. 擊左中肘	105. 雙豹掛拳	131. 黏摸蕩標	157. 鉗陽拜掌
80. 標左側掌	106. 將台豹拳	132. 黏摸蕩標	158. 飛鶴展翅
81. 標右陰掌	107. 右耕左攔	133. 黏摸蕩標	159. 鶴步抱掌
82. 標左陽掌	108. 左耕右攔	134. 正前挶掌	160. 鉗陽拜掌
83. 黏摸標指	109. 右耕左攔	135. 右騎龍掌	161. 飛鶴展翅
84. 蕩挶按掌	110. 雙挶按掌	136. 正右橫掌	162. 鶴步抱掌
85. 右插左收	111. 雙掛豹拳	137. 右騎龍掌	163. 鉗陽拜掌
86. 右攤圈手	112. 將台豹拳	138. 正右橫掌	164. 飛鶴展翅
87. 將台豹拳	113. 左耕右攔	139. 右騎龍掌	165. 鶴步抱掌
88. 左單拜掌	114. 右耕左攔	140. 正右橫掌	166. 鉗陽拜掌
89. 擊右下肘	115. 左耕右攔	141. 圈割握拳	167. 前推山掌
90. 帶右下肘	116. 雙挶按掌	142. 將台豹拳	168. 雙拳內扣
91. 直標側掌	117. 雙掛豹拳	143. 雙推山掌	169. 雙掛面拳
92. 左標陰掌	118. 將台豹拳	144. 左沉龍掌	170. 將台豹拳
93. 右標陽掌	119. 黏摸蕩標	145. 正閂攔掌	171. 雙下按掌
94. 雙騎龍掌	120. 黏摸蕩標	146. 左割攤掌	172. 鉗陽內收
95. 雙挶按掌	121. 黏摸蕩標	147. 下按底掌	173. 鉗陽外收
96. 雙豹掛拳	122. 前下挶掌	148. 圈手握掌	174. 拍腳鉗陽
97. 將台豹拳	123. 左騎龍掌	149. 將台豹拳	175. 鉗陽還原
98. 右單拜掌	124. 正左橫掌	150. 雙推山掌	

尋　橋

一、尋橋的特點及學習方法

　　透過前面的學習，我們基本掌握了詠春拳的初級套路——小念頭；又由推手及初級的單黏手和雙黏手訓練，初步瞭解和掌握了詠春拳的基本攻防動作，基本達到了學習初級詠春拳的目的——自保。

　　現在我們將進入詠春拳中級套路的學習。所謂尋橋（不是「沉橋」），顧名思義，就是由「耕攔攤膀，黏摸蕩捋」，運用尋橋單膀、攔橋等招式去攔截（即「黏住」）對方進攻的手法。也就是李小龍講的，在實戰搏擊中，如果我們連對方的橋手（或膀腳）都攔截不住，就根本談不上自保，更不用說要反擊對方；相反，如果對方進攻的手、腳都被我們攔截（「黏住」）了，我們就可以運用詠春拳訣中「明動靜、知歸去、知有無、知進退」的要領去反擊對方。

　　在學習詠春拳初級套路——小念頭中，讀者應認識到詠春拳是長短橋兼備，由外家過渡到內家的一種內涵極為深奧的內家拳術，並應體會到練詠春拳不但可以強身健體，更重要的是學習詠春拳，可以鍛鍊自己的意志、毅力、體魄和力量，達到既可以強身又可以自保的目的。

　　從學習小念頭開始到學習尋橋，我們不難發現尋橋套

路中的手法很多是從小念頭中演變而來的，這就進一步印證了小念頭是詠春拳的基礎和核心，並且還可體會到這套拳的招式和手法的變化都是在一個無形的正方形之中，在尋橋中所運的意念是由行內力及提肛收臀，經由任脈、督脈的相通，運氣下沉至丹田而產生氣感，因此，練此拳時腳板底湧泉穴是發熱的，而練小念頭則是手心發熱。

　　尋橋套路的開始也是二字鉗陽馬。詠春拳的開馬占地面積不大，只以肩寬為占地的寬度，而雙腳尖同時向外微擺。從陰陽理論來講，裏為「陰」外為「陽」，將陽鉗收，膝就自然微開，由股韌帶繃緊而形成了拉力，使雙足的「三陽」部位有力地緊鉗地面。因為開胯的關係，胯下如同弓橋圓襠：當腰沉下來的時候如同坐在凳子上，使得馬步更為牢固；而手法則體現出力學的原理和作用。

　　學習尋橋，你會發現自身的內力會運出三式六力。什麼是三式六力？三式即每個動作都有三個小式，而每個小式都要觸動六力，即肩、肘、腕、胯、膝和踝關節，不管是什麼地方遇到外力，這六個點都會一觸即發。六點的力是從腳跟出，由腰馬而發。定引上手、運用這三式六力須結合詠春拳訣的「外三合」和「內三合」（即肩與胯合、肘與膝合、手與足合和心與意合、意與氣合、氣與力合），內外形成一體。練習時用鼻呼吸，集中意念，必要時可用嘴發出吼聲，以聲震敵膽。

　　在學習尋橋中，你會發現它的大多數手法都是以防守為主，招式的動作是以左、右轉身的飄膀手，左、右踏步的單膀手及左、右撩陰雙膀手為主要特徵的三膀手招式，這正是詠春拳中的上、中、下三膀手，它們都是以阻截對

手的橋手為主。如單膀手是防下路，攤伏及二桐（注：二桐是指掌根至肘尖的中間部位）手是防中路，攤掌上掌防上路。至於其他手法，如三推步掌、左攤右伏掌、標掌等則充分體現出詠春拳的精髓——長橋能運氣，短橋能自保。即一旦跟敵人黏上了橋，便自然造成了手黏手敵人無地走之境界了。

在尋橋套路中，含有詠春拳中的幾種主要的腳法，如力踢華山（側鑣腳）、撩陰腿（鉤踢）、踩腳和拐腳。拳法常用的是直沖拳和單抽豹拳，所有的鉤、針步法都需經過刻苦的訓練才能靈活運用。學習尋橋一定要一步一個腳印，紮紮實實地學才能打好基礎，只有準確無誤地掌握整套拳的動作要領，才能達到動時如下山猛虎，靜時如泰山蒼松；沉肘落膊，雙橋兼顧；耕攔攤膀，黏摸蕩捋；標指打手，直擊纏打。才能真正的做到不招不架，就是一下的高層次打擊法。

尋橋的身法以蛇形的運動路線為主，進步時身微低，退步時身微高，反身則兼顧其前後及左右。收如伏獵，縱如猛虎；以平為宜，以正直為妙；步要輕靈，馬要穩；及三山馬，腰胯動，橋不動，橋動腰胯不動。如拳訣曰：「大閃側，小俯仰；小閃側，大俯仰。」雙膝要始終保持微開，在任何情況下都要保持二字鉗陽馬、雙弓鉗陽馬或拍腳鉗陽馬。

詠春訣此講：身似龍形、手似閃電、腳似電鑽，有時也會用四平鉗陰馬、行腰轉馬、雙弓步的進退和針步彈腰法。行進間起腳、轉身起腳都要切記「步要輕靈，馬要穩」的拳訣。尋橋套路的步法有：鉤、針、彈、踢。

圖 1-1

二、尋橋的套路、動作要領及用法

1. 拍腳鉗陽

雙腳併攏，雙膝向左右微開，以雙腳掌外側緊鉗地面，雙腳掌全部著地，提肛收臀，環跳凹陷，沉腰開膝，不能下跪（圖1-1）。

2. 垂肩垂掌

依上勢，兩手自然下垂，兩掌心朝向大腿並緊貼褲縫，拇指緊扣，四指併攏，勁促雙臂並下沉貫於指尖（圖1-1）。

3. 開鉗陽馬

在拍腳鉗陽馬的基礎上，雙腳跟略離地向左右移開成「八」字（注意開膝），雙腳跟著地，雙腳前端向左右移開成反「八」字，兩腳跟稍向左右移半步成「11」字。這時腳外側緊鉗地面，開膝，沉腰，提肛收臀，環

跳凹陷，氣沉丹田。注意上
身要挺立，不能後仰或折腹
（圖1-2）。

4. 垂肩攤掌

依上勢，用肩、肘、腕
促勁，雙臂往外轉攤成半陰
陽仰掌，然後抽將台仰掌，
行肘底勁，抽提雙掌上將台
（圖1-3）。

5. 抽將台掌

依上勢，以肩、肘、腕
促勁，行肘底勁運氣往上，
將雙掌抽至將台成仰掌（圖
1-4）。

圖1-2

圖1-3

圖1-4

圖 1-5

圖 1-6

圖 1-7

6. 中宮插沙

依上勢，以肩、肘、腕促勁，化弓背將台掌，掌心向內，兩臂交叉（左外右內），拇指緊扣，四指併攏，雙臂貼緊肋，用虎口勁使拇指、食指和中指三指成斜插掌（圖1-5）。

7. 雙柱豹拳

依上勢，化掌為拳，以肩、肘促勁，沉肘掛出雙拳，與肋相距一拳位（圖1-6）。

8. 將台豹拳

依上勢，用肘底勁將拳收回將台，兩肘略沉向後擺（圖1-7）。

9. 左日字拳

依上勢，將左豹拳變日字拳從將台緩緩向前方打出（圖1-8）。

圖 1-8

10. 十字擺指

依上勢，四指併攏，拇指緊扣，向前直標（圖1-9）。

圖 1-9

11. 十字下擺

依上勢，以長橋運氣，四指併攏下插（圖1-10）。

圖 1-10

圖 1-11

圖 1-12

圖 1-13

12. 十字上擺

依上勢，四指併攏上插
（圖1-11）。

13. 十字下擺

依上勢，以長橋運氣，
四指併攏下插（圖1-12）。

14. 十字壓擺

依上勢，以左手肩、
肘、腕促勁，轉掌為平掌
（圖1-13）。

15. 十字左擺

依上勢，以長橋運氣，四指尖緩緩插向左方（圖1-14）。

圖 1-14

16. 十字右擺

依上勢，以長橋運氣，力貫四指尖，緩緩插向右方（圖1-15）。

圖 1-15

17. 十字左擺

依上勢，以長橋運氣，力貫四指尖，緩緩插向左方（圖1-16）。

圖 1-16

圖 1-17

圖 1-18

圖 1-19

18. 十字內擺

依上勢，以長橋運氣轉腕，使之與手臂成90°，四指向內運氣下插（圖1-17）。

19. 十字下擺

依上勢，以長橋運氣下插，虎口勁（掌背外擺）成下擺指（圖1-18）。

20. 十字外擺

依上勢，以長橋運氣，拇指緊扣，使四指翹平（圖1-19）。

21. 左日字拳

依上勢，指擺平後握拳，由小指握起（圖1-20）。

圖1-20

22. 將台豹拳

依上勢，用肘底勁將左豹拳緩緩收回於將台（圖1-21）。

圖1-21

23. 右日字拳

依上勢，用肩勁轉動腕化為豹拳，以日字拳緩緩衝出。目光注視拳口（圖1-22）。

圖1-22

圖 1-23

24. 十字擺指

依上勢，拇指緊扣，四指向前直標（圖1-23）。

圖 1-24

25. 十字下擺

依上勢，以長橋運氣，用腕勁使四指下插（圖1-24）。

圖 1-25

26. 十字上擺

依上勢，以長橋運氣，用腕、指發勁，四指上插（圖1-25）。

27. 十字下擺

依上勢，以長橋運氣，
四指下插（圖1-26）。

圖1-26

28. 十字壓擺

依上勢，以長橋運氣，
同時肩、肘、腕發勁於勞
宮，轉平掌（圖1-27）。

圖1-27

29. 十字右擺

依上勢，以長橋運氣至
指尖，四指右插（圖1-28）。

圖1-28

圖 1-29

30. 十字左擺

依上勢，以長橋運氣，四指發勁向左插（圖1-29）。

圖 1-30

31. 十字右擺

依上勢，以長橋運氣，四指發勁向右插（圖1-30）。

圖 1-31

32. 十字內擺

依上勢，以長橋運氣，反掌（掌心向上）內插，然後轉腕下插（圖1-31）。

33. 十字下擺

依上勢，以長橋運氣，掌背和虎口外擺，成下插指（圖1-32）。

圖 1-32

34. 十字外擺

依上勢，以長橋運氣，四指翹平（圖1-33）。

圖 1-33

35. 右日字拳

依上勢，以長橋運氣握拳（從小指握起），成日字拳（圖1-34）。

圖 1-34

圖1-35

圖1-36

圖1-37

36. 將台豹拳

依上勢，用肘底勁將拳緩緩收回至將台（圖1-35）。

37. 抱中劍掌

依上勢，化豹拳為抱拳（兩手心相對，拇指緊扣，四指併攏），運肘底勁促虎口向正前方推出，推至肘與肋相距一拳位（圖1-36）。

38. 抱短劍掌

依上勢，用肘底勁將雙掌緩緩收回將台（圖1-37）。

39. 抱中劍掌

依上勢，用肘底勁將雙掌緩緩往前方推出，使肘與肋相距一拳位（圖1-38）。

40. 抱短劍掌

依上勢，用肘底勁緩緩將雙掌拖回原位（圖1-39）。

41. 推長劍掌

依上勢，用肘底勁將雙掌緩緩往前推出，手臂要直（圖1-40）。

圖 1-38

圖 1-39

圖 1-40

圖 1-41

圖 1-42

圖 1-43

42. 懷中抱掌

依上勢，以背、肩、肘、腕促勁，掌心用抱球勢順序由大變小地收至胸際，注意留中，變掌心朝下，左上右下（圖1-41）。

43. 朝左抱掌

依上勢，上身不動，用腰胯促勁全身轉向左方，左腳前腳掌外側緊鉗地面，微開膝，仍是雙弓鉗陽馬（圖1-42）。

44. 中宮抱掌

依上勢，上身不動，面部向正前方，以腰胯促勁，雙腳前腳掌外側緊鉗地面，全腳掌著地，開膝（圖1-43）。

45. 朝左抱掌

依上勢，上身不動，面部向左方，以腰胯促勁，左腳前腳掌外側緊鉗地面，用右腳跟促勁弓膝，為雙弓鉗

陽馬（圖1-44）。

46. 中宮抱掌

依上勢，以腰胯促勁，
雙腳前腳掌外側緊鉗地面，
全腳掌著地，弓膝，面向正
前方（圖1-45）。

47. 朝左抱掌

依上勢，以腰胯促勁，
面向左方，左腳前腳掌外側
緊鉗地面，右腳跟促勁，開
膝，為雙弓鉗陽馬。拳訣
曰：「腰胯動，橋不動。」
（圖1-46）。

拆門解義

推、抱長劍掌，朝左抱
掌和中宮抱掌，在尋橋中是
一式二橋上勢的訓練手法，
這裏除練習「聽」勁外，還
訓練「化」勁。所謂化勁，
是由橋、腰、馬的移動去化
解對方進攻的勁鋒，這是詠
春拳訣中的「腰胯動，橋不
動」之真諦所在。

圖 1-44

圖 1-45

圖 1-46

圖 1-47

圖 1-48

圖 1-49

48. 左分橋掌

依上勢，以肩、肘、腕促肘底勁，兩肘沉至留中位（即與肋相距一拳位），雙掌分持左右（圖1-47）。

49. 左攤右伏

依上勢，左攤右伏掌（成毒蛇噴霧勢）分掌後，左掌以肩、肘、腕促勁，從掌背、虎口順序往左方攤出掌，再用腕勁翹指（肘留中），同時右掌用肘、腕促勁成刀掌，以掌伏至左肘按掌，指向前翹，肘移向右留中。下盤不動，「橋動，腰胯不動」，實際上是內動，而不是外動，動中有靜，靜欲思動（圖1-48）。

50. 右攤左伏

依上勢，右掌反轉成攤掌，左掌成伏掌置於右掌肘位（圖1-49）。

51. 左攤右伏

依上勢，左掌背以虎口順序往左方攤出掌（肘部歸中），右掌以肘、腕促勁，掌刀、掌心、勞宮和虎口掌伏至左肘旁（圖1-50）。

圖1-50

52. 推右上掌

依上勢，右伏掌以肩、肘、腕促勁，掌以虎口往右推出成拜掌，左攤掌收回至胸際握豹拳（圖1-51）。

圖1-51

53. 推左上掌

依上勢，左豹拳化掌向前推，以肩、肘、腕促虎口勁往左方推出左掌，右掌握豹拳以肘底勁回收至將台（圖1-52）。

圖1-52

圖 1-53

圖 1-54

圖 1-55

54. 推右上掌

依上勢，右豹拳化掌向正前方推出，左豎掌握拳收回將台（圖1-53）。

55. 一拳一掌

依上勢，以腰馬促勁，全身向正前方轉，左手握豹拳，右手化仰掌，同時停於將台（圖1-54）。

56. 左邊右膀

依上勢，以腰、胯、腰、背、肩、肘、腕促勁，使身體向左方，左腳前腳掌緊鉗地面，全腳掌著地，開膝；右腳跟外側緊鉗地面，全腳掌著地，開雙弓鉗陽馬。手以肩、肘、腕促虎口勁，移動將台掌（拇指節與肋之間留一拳位），肘底向外，使肘與肩在一水平線上成高膀手。目光注視正前方，然後將左豹拳化為豎掌，運勞宮、虎口勁，以肘推掌向右肋前（圖1-55）。

57. 一拳一掌

依上勢，身腰馬轉正，左上掌用肘勁拖回將台成豹拳，右膀手化仰掌，再用肘勁拖回將台成仰掌（圖1-56）。

圖 1-56

58. 左邊右膀

依上勢，手以右肩、肘、腕促虎口勁移動將台掌，拇指節要留於肋中，肘底向外，肘與肩平一線成高膀手。目光注視正前方。左豹拳化為豎掌，運虎口勁，以肘推動向右肋前（圖1-57）。

圖 1-57

59. 一拳一掌

依上勢，腰馬促勁朝正前方，左豎掌用肘拖回將台成豹拳，右膀手用肘勁拖回將台成仰掌（圖1-58）。

圖 1-58

圖 1-59

圖 1-60

圖 1-61

60. 左邊右膀

依上勢，以腰胯、肩、肘、腕促勁，身體轉向左方，左腳前腳掌緊鉗地面，全腳掌著地，開膝，成雙弓鉗陽馬。以右肩、肘、腕促虎口勁，移動將台掌（拇指節與肋留中），肘底朝外成高膀手；左豹拳化豎拳，運虎口勁，以肘推向右肋前（圖1-59）。

61. 一拳一掌

依上勢，以腰胯促勁，面向正前方，左上掌用肘勁拖回將台成豹拳，右膀手用肘勁拖回將台成仰掌，然後左拳變仰掌，右仰掌變拳（圖1-60）。

62. 左推上掌

依上勢，左拳化掌，以肩、肘、腕促勞宮勁向正前方推出，右掌握拳置於將台（圖1-61）。

63. 右推上掌

依上勢，左掌化拳並用肘勁拖回將台成豹拳，右拳化掌，以肩、肘、腕促勞宮勁向正前方推出（圖1-62）。

圖 1-62

64. 左推上掌

依上勢，左拳化掌並用肩、肘、腕促勞宮勁向正前方推出，同時右掌化拳，用肘勁拖回至將台（圖1-63）。

圖 1-63

65. 單抱月掌

依上勢，左推掌化單弓抱月掌，以掌心、勞宮順序摸至右肩（圖1-64）。

圖 1-64

圖 1-65

圖 1-66

圖 1-67

66. 左標指掌

依上勢，用掌刀、指尖左擺至左，以肩、腕促勁向左方直標（圖1-65）。

67. 正下捋掌

依上勢，直橋行半弧形後往下捋掌（圖1-66）。

68. 右插沙掌

依上勢，將右豹拳化掌，以肩、肘、腕促勁往下插；左捋掌反轉握拳後緩緩收回至將台（圖1-67）。

69. 攤掌圈手

依上勢，以肩、肘、腕促勁，右掌外攤後，內插、下插、外擺平腕後握拳（圖1-68）。

70. 將台豹拳

依上勢，用肘底勁將拳收回至將台（圖1-69）。

拆門解義

分橋掌，左攤右伏掌，推左、右上掌（又稱推山填海），左邊右膀，黏摸蕩掌和左標指掌是尋橋的主要招式。分橋掌主要是二橋上勢；而在練習推左、右上掌時，可進一步體會詠春拳招式中的掌勁其根在於腳，其勁發於腿而主於腰，形於手（指），要領是以肩窩吐力，氣貫於掌心；而黏摸蕩掌的訓練，目的是為標指掌打基礎，拳訣曰：「拳沒掌能，掌沒指勁，指為掌之先鋒。」使用指時五指要併

圖 1-68

圖 1-69

圖 1-70

圖 1-71

圖 1-72

攏，上下伸縮運氣，使氣能
達於指尖，經過長期、刻苦
的訓練，其勁可與鐵石相
比。在實戰中，其指常常配
合前手使用，如在黏住對手
後，即可轉身或側身使出標
指。

　　例如，當乙方用直沖拳
向甲方打來，甲方即用黏手
黏住對方的來拳，同時可迅
速側身出標指手打擊對方
（注：在本書的雙人搏擊圖
例中，右邊為乙，左邊為
甲）。

【例1】
　　乙方用右沖拳打向甲方
中路，甲方即用左橋內轉，
攔住乙方來拳（圖1-70）。

　　甲方即轉為伏手（圖1-
71）。

　　甲方以右手防守，抓住
乙方打來的右沖拳，左伏手
即可順對方來手的手臂，直
標向乙方上路（圖1-72）。

【例 2】

乙方以右沖拳打向甲方中路，甲方即以伏手進行攔截（圖1-73）。

當甲方右手攔住乙方來拳時，立即將其下按，轉腰左標指打向乙方的上路（圖1-74）。

甲方用左標指打向乙方上路的同時下按乙方右拳，標右標指再攻乙方上路（圖1-75）。

左攤右伏掌在尋橋套路中，通常可在一隻手先摸到對方的來手時，另一隻手即以攤掌標上，連環使用。

圖1-73

圖1-74

圖1-75

圖1-76

圖1-77

圖1-78

【例3】

在黏手中，乙方突然以二桐手使對方失去平衡（圖1-76）。

在甲方回身救腰時，乙方（用伏掌）馬上打出左標指手（圖1-77）。

在打中甲方的同時下伏，右攤掌標向甲方上路（圖1-78）。

下捋掌和捋掌，是手法中的「耕攔攤膀，黏摸蕩捋」之一，其應用十分廣泛，訓練時一定要反覆地單練。

【例4】

甲方用左標指手或拳打向乙方上路，乙方迅速以左伏手伏按對方來手，並在用二桐手接住對方來手的同時迅速下按（圖1-79、圖1-80）。要求左右手反覆交替變換訓練。

圖1-79

圖1-80

71. 抱中劍掌

依上勢，化豹拳為側掌，兩手心相對（拇指扣緊，四指併攏），用肩、肘、腕促虎口勁向正前方標出，兩肘留中行至肘底線（圖1-81）。

圖1-81

圖 1-82

圖 1-83

圖 1-84

72. 抱短劍掌

依上勢，用肘底勁緩緩收回至兩肋（圖1-82）。

73. 抱中劍掌

依上勢，用肘底勁緩緩往前方推出，兩肘與肋相距一拳位（圖1-83）。

74. 抱短劍掌

依上勢，用肘底勁緩緩收回至將台（圖1-84）。

75. 推長劍掌

依上勢，用肘底勁緩緩向前推出，手臂要伸直（圖1-85）。

圖 1-85

76. 懷中抱掌

依上勢，以背、肩、肘、腕促勁成掌刀，以掌心、勞宮順序拖回至胸前留中，掌心再轉向下，右上左下（圖1-86）。

圖 1-86

77. 朝右抱掌

依上勢，腰胯轉右方，右腳前腳掌外側緊鉗地面，以左腳跟促勁，開膝成雙弓鉗陽馬（圖1-87）。

圖 1-87

圖1-88

78. 中宮抱掌

依上勢，腰胯促勁轉向正前方，雙腳前腳掌外側緊鉗地面，開膝，全腳掌著地（圖1-88）。

圖1-89

79. 朝右抱掌

依上勢，腰胯促勁向右轉，右腳前腳掌外側緊鉗地面，以左腳跟促勁開膝，成雙弓鉗陽馬（圖1-89）。

圖1-90

80. 中宮抱掌

依上勢，以腰胯促勁，面向正前方，雙腳前腳掌外側緊鉗地面，全腳掌著地，開膝（圖1-90）。

81. 朝右抱掌

依上勢，以腰胯促勁轉向右方，右腳前腳掌外側緊鉗地面，左腳跟促勁開膝，成雙弓鉗陽馬（圖1-91）。

圖 1-91

82. 右分橋掌

依上勢，以肩、肘、腕促勁行肘底線，兩肘沉至歸中位，雙掌成左右分橋（圖1-92）。

圖 1-92

83. 右攤左伏

依上勢，右橋掌用肩、肘、腕促勁，以掌刀、掌背、虎口順序往右方攤掌，用腕勁翹指，肘移向右腹（留中）成右攤橋掌；左手以肩、肘、腕促勁，再以掌刀、掌心、勞宮順序伏掌至右肘按掌指向前（圖1-93）。

圖 1-93

圖 1-94

圖 1-95

圖 1-96

84. 左攤右伏

依上勢，左手以肩、肘、腕促勁，以掌刀、掌背、虎口順序往左方出攤掌，用腕勁翹指，將肘移向左腹（留中）；然後，右手成右攤掌，再以掌刀、掌心、勞宮順序往左按掌，指前，肘移至右肋（留中）（圖1-94）。

85. 右攤左伏

依上勢，右手以肩、肘、腕勁促勁，以掌刀、掌背、虎口順序往右方出攤掌，用腕勁翹指，肘移至右腹（留中）；然後，左攤掌再以掌刀、掌心、勞宮順序往右肘按掌，指向前（圖1-95）。

86. 推左上掌

依上勢，左伏掌以肩、肘、腕促虎口勁向前方推出，右攤掌握拳，用肘拖回至將台成豹拳（圖1-96）。

87. 推右上掌

依上勢，右豹拳化掌，以肩、肘、腕促虎口勁向前方推出上掌；左掌變握豹拳，用肘拖回成將台豹拳（圖1-97）。

88. 推左上掌

依上勢，左豹拳化掌，用肩、肘、腕促虎口勁向前方推出成上掌；右掌變握豹拳，用肘拖回成將台豹拳（圖1-98）。

89. 一拳一掌

依上勢，以腰胯促勁轉向正面，右拳不動，左推上掌變左仰掌收於胸際，成將台日字拳（圖1-99）。

90. 朝右左膀

依上勢，以腰胯、背、肩、肘促勁帶動身向右轉，右腳前腳掌外側緊鉗地面，全腳掌著地，開膝，成雙弓鉗陽馬。以左肩、肘、腕促

圖 1-97

圖 1-98

圖 1-99

圖 1-100

圖 1-101

圖 1-102

虎口勁，帶動將台掌下插，拇指節留於肋中，肘底向外，肘與肩平一線成高膀手。目光注視正前方。右豹拳化豎掌，用肘帶動向左肋前推出上掌（圖1-100）。

91. 一拳一掌

依上勢移馬，身體轉向正前方的同時右手握拳於胸際，左掌變左仰掌，收於胸側（圖1-101）。

92. 朝右左膀

依上勢，以腰、胯、背、肘、腕促勁轉向右方，右腳前腳掌外側緊鉗地面，全腳掌著地，開膝，成雙弓鉗陽馬。以左肩、肘、腕促虎口勁，移動將台掌下插，拇指節留於肋中，肘底朝外，肘與肩平一線成高膀手。目光注視正前方。右豹拳化豎掌，用虎口勁以肘推動向左肋（圖1-102）。

93. 一拳一掌

依上勢，以腰胯促勁轉向正面，左腳前腳掌外側緊鉗地面，右腳跟促勁。右上掌握拳用肘、腕勁拖回至將台成豹拳（圖1-103）。

94. 朝右左膀

依上勢，以腰、胯、背、肘、腕促勁，腰胯帶動上身向右轉，全腳掌著地成雙弓鉗陽馬。用左肩、腕促虎口勁帶動將台掌下插，拇指節留於肋中，肘底向外，肋與肩平一線成高膀手。目光注視正前方。將右豹拳化為豎掌，用虎口勁帶動肘向左肋前推上掌，右肘留中（圖1-104）。

95. 將台豹拳

依上勢，以腰胯勁轉向正前方，左腳前腳掌緊鉗地面，右腳跟促勁。右上掌握拳用肘帶動拖回將台成豹拳，左膀手用肘帶動拖回將台成仰掌（圖1-105）。

圖 1-103

圖 1-104

圖 1-105

圖 1-106

96. 推右上掌

依上勢，右拳變掌，以肩、肘、腕促虎口勁向正前方推出，左手握拳不動（圖1-106）。

圖 1-107

97. 推左上掌

依上勢，左拳變掌，以肩、肘、腕促虎口勁向正前方推出，右掌握拳用肘底勁回收於將台（圖1-107）。

圖 1-108

98. 推右上掌

依上勢，右拳化掌，以肩、肘、腕促虎口勁向正前方推出，左上掌握拳收回至將台（圖1-108）。

99. 單抱月掌

依上勢，右手以肩、肘、腕促勁成單抱月掌，黏摸於左肩（圖1–109）。

圖 1–109

100. 右擺指掌

依上勢，用掌心內抱至左肩沉虎口，指尖擺至右肩旁（圖1–110）。

圖 1–110

101. 右標指掌

依上勢，擺右後向右方標指（圖1–111）。

圖 1–111

圖 1-112

102. 正捋下掌

依上勢，以直橋用掌刀、掌心順序行半弧形往下捋掌（圖1-112）。

圖 1-113

103. 左插沙掌

依上勢，左豹拳化掌，以肩、肘、腕促虎口勁往下插，右捋掌變握拳緩緩收回至將台（圖1-113）。

圖 1-114

104. 攤掌圈手

依上勢，將左豹拳變插沙掌後，以掌刀、背順序向下攤掌（圖1-114）。

105. 將台豹拳

依上勢，下攤掌攤至左大腿外側時內插、下插、外擺、翹平指後握拳，用肘勁拖回至將台成豹拳（圖1-115）。

圖 1-115

106. 左轉吊馬

依上勢，以腰胯帶動全身轉左，用右腳著力，左腳吊起（圖1-116）。

拆門解義

以上各種橋手可以左方向相反使用。

圖 1-116

107. 力踢華山

依上勢，以左腳內扣，用力向右方踢出著地，成四平鉗陽馬，全身向正前方（圖1-117）。

圖 1-117

圖 1-118

圖 1-119

圖 1-120

108. 左單拜掌

依上勢，變左拳為拜佛掌，由左推至右胸前，仍是四平鉗陽馬（圖1-118）。

109. 左方右膀

依上勢，呈大閃側勢，以腰胯促勁轉向左方，右拳變掌，以肩、肘、腕促虎口勁下插，拇指節留於肋中，行肘底勁向外膀，因身形變動，左豎掌護於右肋（圖1-119）。

110. 針彈拳掌

依上勢，左掌握拳，用肘勁收回至將台成豹拳，右膀手用肘底勁收回至將台成仰掌。左腳尖促勁向左方彈出，腳跟著地（圖1-120）。

111. 左單拜掌

依上勢，左腳尖內擺，上身成小俯勢（小四平鉗陽馬）。左拳變拜佛掌，從左推至右肩，右膀手握拳收回至將台（圖1-121）。

圖 1-121

112. 左方右膀

依上勢，左腳尖移向左方，呈大閃側勢（身略俯）向左方轉，右腳追勢向左方。以右掌、肩、肘、腕勁帶動移下，拇指留於肋中，以肘底促勁成中膀手，身形轉變，左掌護於右胸前（圖1-122）。

圖 1-122

113. 針彈拳掌

依上勢，左掌用肘勁收回至將台，右膀手用肘拖回將台成豹拳。以左腳尖促勁向左方彈出，腳跟著地（圖1-123）。

圖 1-123

圖 1-124

圖 1-125

圖 1-126

114. 左單拜掌

依上勢，左腳尖向內擺，上身呈小俯勢，身轉正成小四平鉗陽馬。左拳變掌從左推至右肩，右膀手握拳收回至將台（圖1-124）。

115. 左方右膀

依上勢，左腳移向左方開膝呈大閃側勢（略俯），以腰胯帶動向左方，腳向左方追勢。右掌以肩、肘、腕促虎口勁下插，指節與肋留中，肘位於乳上，然後以肘底勁向外成中膀手，身形轉變，左掌護於右胸前（圖1-125）。

116. 右單抽拳

依上勢，左右掌同時握拳，左拳拖回至將台成豹拳，右拳沉肘上抽打出右單抽拳，肘與肋留中（圖1-126）。

117. 鉗陽按掌

依上勢，以腰胯帶動身轉正，變右單抽拳為伏虎掌，掌根下按（圖1-127）。

圖 1-127

118. 左下插掌

依上勢，左豹拳變掌，並用肩、肘、腕促食指、中指勁下插，右手按掌轉腕握拳收回至將台（圖1-128）。

圖 1-128

119. 左攤圈手

依上勢，左插沙掌三點力外攤半圈，擺指握拳（圖1-129）。

圖 1-129

圖 1-130

圖 1-131

圖 1-132

120. 將台豹拳

依上勢，用肘勁拖左拳回將台成豹拳（圖1-130）。

拆門解義

在尋橋中，力踢華山為尋橋第一腳，它是在對峙中突然起腳。例如，在甲乙雙方的對峙中，乙方突然出右腳打在甲方上、下七寸的部位上（圖1-131、圖1-132）。

【例1】

　黏手中，甲方突然用二桐手使乙方失去平衡（圖1-133）。

圖 1-133

　在乙方忙於回身救腰時，甲方突然出腳打擊乙方的右腳（圖1-134）。

圖 1-134

圖 1-135

圖 1-136

圖 1-137

【例 2】
　甲方用右沖拳打向乙方
中路，乙方即以攤手進行攔
截（圖 1-135）。

　乙方突然出腳打在甲方
的膝關節上（圖 1-136）。

　左方右膀，也稱側身膀
手，是一招正身的膀手，因
為轉馬而成左方右膀（或右
方左膀），是詠春拳中主要
的護手之一。其變化很多，
常運用「按頭起尾」和「按
尾起頭」去應付這種變化。
下面是上、中、下三膀手的
應用。
　（1）側身高膀
　甲方用沖拳向乙方上路
打來，乙方即用高膀手進行
攔截（圖 1-137）。

乙方同時用膀手將甲方的手以沉肘將其掛出（圖1-138）。

圖 1-138

（2）側身中膀

乙方用右沖拳向甲方中路打來，甲方即以中膀手進行攔截（圖1-139）。

圖 1-139

甲方隨即以右手抓乙方來拳，並用左手掛打乙方面部（圖1-140）。

圖 1-140

圖1-141

圖1-142

圖1-143

（3）側身低膀

　　甲方用右沖拳打向乙方的腹部，乙方即用左膀手進行攔截（圖1-141）。

　　乙方同時掛出左膀手，打擊甲方的頭部（圖1-142）。

121. 右轉吊馬

　　依上勢，以腰胯帶動，身轉右方，右腳為吊腳鉗陽馬（圖1-143）。

122. 力踢華山

依上勢，右腳促勁內扣，使勁向右方踢出，腳跟著地（圖1–144）。

123. 右單拜掌

依上勢，右拳化掌推向左肩，成小四平鉗陽馬（圖1–145）。

124. 右方左膀

依上勢，呈大閃側勢（略俯），身體向右轉，左腳追勢向右方。以肩、肘、腕促勁使左拳化掌，用食、中指勁下插成膀手，拇指節與肋留中（肘位於乳上），由於身體右轉使右拜掌護於左肋前（圖1–146）。

圖 1–144

圖 1–145

圖 1–146

圖 1-147

圖 1-148

圖 1-149

125. 針彈拳掌

依上勢，右掌化拳拖回至將台，左膀手用肘帶回將台拳。同時，右腳尖外側往右方彈出，右腳跟著地，身腰小仰（圖1-147）。

126. 右單拜掌

依上勢，以腰胯帶動右腳促勁，右腳前腳掌外側用針釘勢往右方釘下（緊鉗地面）成小四平鉗陽馬。然後右掌用肩、肘、腕勁推出成拜掌，置於中宮（圖1-148）。

127. 右方左膀

依上勢，左掌以肩、肘、腕促勁下插，膀出成半陰陽插掌，全身成大閃側勢，然後身以腰胯、馬向右轉，由於體位的轉變，右豎掌護於左肋前，左膀手拇指節與肋留中，左腳右轉，肘追向右方（圖1-149）。

128. 針彈拳掌

依上勢，右拜掌用肘拖回至將台，然後左膀手拖回至將台成將台拳。右腳尖向外彈出，右腳跟著地，身腰小仰（圖1-150）。

圖 1-150

129. 右單拜掌

依上勢，用腰馬帶動，以右腳前端針釘（緊鉗）地面。右掌以肩、肘、腕勁推出中宮，成四平鉗陽馬（圖1-151）。

圖 1-151

130. 右方左膀

依上勢，左掌以肩、肘、腕帶動，成半陰陽插掌，身腰馬呈大閃側勢（略俯），向右方成膀手，在腰胯變動的同時，右拜佛掌豎於左肋，左膀手肘位於乳上，拇指節與肋留中。左腳追勢向右方（圖1-152）。

圖 1-152

圖 1-153

圖 1-154

圖 1-155

131. 左單抽拳

依上勢，右拜佛掌用肘底勁拖回至將台成豹拳，左膀手握拳沉肘拳向上抽打，抽打時與肋留中（圖1－153）。

132. 鉗陽按掌

依上勢，腰胯馬向正轉，在轉時左單抽拳變伏虎掌，掌心向下，拇指向內（圖1－154）。

133. 右插沙掌

依上勢，右豹拳變掌，以肩、肘、腕帶動食、中指勁往下插，左伏虎掌化攤掌後握拳收回至將台成豹拳（圖1－155）。

134. 右攤圈手

依上勢，右插沙掌外攤
至右大腿旁，行半圈後擺指
握拳（圖1–156）。

圖 1–156

135. 將台豹拳

依上勢，待插沙指行半
圈擺指握拳後，用肘底勁拖
回至將台成豹拳（圖1–
157）。

拆門解義

與左方向相反使用。

圖 1–157

136. 左邊吊馬

依上勢，腰胯向左方
轉，左腳尖著地，成單腳鉗
陽馬（圖1–158）。

圖 1–158

圖 1-159

137. 左撩陰腿

依上勢，左腿促勁提腳跟往前直蹬（腳尖向上），同時迅速用鈎針勢釘下（圖1-159）。

圖 1-160

138. 鈎針攤手

依上勢，以胸、背、肩、肘、腕、腰、膝貫勁，身往左方俯。雙肘下沉，雙掌攤成捧物狀，注意留中，身腰往後小仰（圖1-160）。

圖 1-161

139. 左方雙膀

依上勢，左腳用鈎針勢釘下，身腰成小閃側並向左前斜肩。以肘、腕促虎口勁，呈弧形向左方膀出。由於身腰前移，右腳乘勢跟隨，仍是雙弓鉗陽馬（圖1-161）。

140. 左彈攤手

依上勢，以肩、肘、腕、腰、膝促勁，左腳尖向左方彈出，腳跟著地。雙膀手沉肘攤掌成陰陽仰掌（圖1-162）。

141. 左方雙膀

依上勢，以身、腰帶動腿向右方略出，即用鉤針勢緊鉗地面，成小閃側，身腰向前，左腳上步，右腳乘勢追一步。以肩、肘、腕促動虎口勁，雙手呈弧形膀出雙膀手，要求鼻不超膝、腰不脫（圖1-163）。

142. 左彈攤手

依上勢，身略後仰，左腳尖向左方彈出。雙膀手反攤成陰陽掌，並成捧物狀，身腰要稍往後仰（圖1-164）。

圖1-162

圖1-163

圖1-164

圖 1-165

圖 1-166

圖 1-167

143. 左方雙膀

依上勢，身腰向右方轉出，即用鉤針勢向馬步內針下（緊鉗地面），腰身成小閃側勢。以腰帶動向上，右腳乘勢進上左方。雙手以肩、肘、腕促虎口勁呈弧形膀出（圖1-165）。

144. 左雙拎掌

依上勢，身腰後仰，雙膀手收回胸際，然後下沉一拳位（圖1-166）。

145. 雙標指掌

依上勢，兩掌尖向前標出，身腰稍向後仰。同時，右腳上前成拍腳鉗陽馬（圖1-167）。

146. 雙下按掌

依上勢，雙標指掌標出後，以雙掌根勁下按，指尖上翹（圖1-168）。

147. 雙弓背掌

依上勢，以肩、肘、腕促勁於雙掌背，向上緩緩打上至齊眉高（圖1-169）。

148. 雙對指掌

依上勢，以肩、肘、腕勁轉雙腕，成雙長橋對指掌（圖1-170）。

圖 1-168

圖 1-169

圖 1-170

圖 1-171

149. 雙擺指掌

依上勢，用肘底勁下標指、外擺指（圖1-171）。

150. 雙長劍掌

依上勢，擺腕上翹指（圖1-172）。

圖 1-172

151. 左將台拳

依上勢，雙標指，握拳後用肘底勁拖回至將台（圖1-173）。

圖 1-173

152. 偷後踩腳

依上勢，右腳發勁往後彈出（圖1-174）。

拆門解義

撩陰腿也稱直撐腳，是詠春拳的主要腳法之一，在

實戰搏擊中可靈活多變，有指上打下的功效。詠春拳一般不輕易用腳，特別是在無把握的情況下，更不會隨意出腳打擊對方。這是因為在起腳時，自己的弱點和破綻往往很容易被對手發現，使對手能乘虛而入。故此，詠春拳高手絕不會輕易出腳踢對方，而是結合其他招式同時使用。例如：甲方與乙方黏手使對方失去平衡，待對手要前俯回身救腰的一瞬間，踢出左、右撩陰腿，即可給對方致命的一擊。

【例1】

乙方用左沖拳打向甲方中上路，甲方即以攤手攔截乙方的來拳，在轉腕抓住乙方手腕的同時，隨即踢出左撩陰腿（圖1–175a、圖1–175b）。

圖 1–174

圖 1–175a

圖 1–175b

圖 1–176

【例 2】

在黏手中，甲方突然以擒拿手法使乙方失去平衡（圖1–176）。

圖 1–177

當乙方要回身救腰時，甲方立即用左撩陰腿打擊對方（圖1–177）。

雙下按掌是防對手踢下路的招式。在黏手中，它是使對方失去平衡的一大絕招。練習這一招式時，要求用雙掌根勁下按；而在實戰搏擊中，應配合何種手法運用，則需根據實際情況來加以靈活變通。例如，當甲方出右腳向乙方踢來，乙方即可側身以右掌按住甲方來腳，隨即腰右轉打出左日字沖拳，擊向甲方面部（圖1-178、圖1-179）。

圖1-178

圖1-179

【例】

甲方用左沖拳打向乙方的中路，乙方即以按手將甲方的來拳按下（圖1-180）。

圖1-180

乙方隨即轉身衝出右沖拳，直打甲方的頭部（圖1-181）。

圖 1-181

153. 右方吊馬

依上勢，身腰、馬轉右方，右腳尖吊起（圖1-182）。

圖 1-182

154. 右撩陰腿

依上勢，右腿促勁提起，腳跟往前直蹬，腳尖上撩，再以鉤針勢向右釘下緊鉗地面，沉腰呈小閃側勢（圖1-183）。

圖 1-183

155. 鉤針攤手

依上勢，以胸背、肩、肘、腕、腰、膝、馬促勁，身往右方略俯，不脫腰。沉雙肘，雙掌攤成捧物狀，身腰往後小仰（圖1-184）。

圖 1-184

156. 右邊雙膀

依上勢，右腳尖鉤針勢向內斜插下（緊鉗地面），身要發勁轉右。以肩、肘、腕促拇指、食指和中指勁，雙手呈弧形膀出。身往前俯（鼻不超膝，肘位於乳下），右腳追勢向右方（圖1-185）。

圖 1-185

157. 右彈雙攤

依上勢，右腳尖向右方彈出，腳跟著地。同時，雙膀手向外攤成雙抱手（雙手如捧物狀），身腰略後仰（圖1-186）。

圖 1-186

圖 1-187

158. 右方雙膀

依上勢，用右腳、腰部促勁，向右方略出後隨即用鉤針勢向右方針釘下（緊鉗地面），腰胯發勁呈小閃側勢。然後腰發勁向右方，並以肩、肘、腕發勁下插，成弧形膀出膀手。左腳追勢向前上一步（圖1-187）。

圖 1-188

159. 右彈攤手

依上勢，右腳尖向右彈出（身成小仰勢），雙手外攤成捧物狀（圖1-188）。

圖 1-189

160. 右方雙膀

依上勢，右腳發勁向右方略出，即用鉤針勢向右方針釘下（緊鉗地面），身腰促勁成小閃側勢，右腳尖鉤向右方；同時身體向右轉，左腳乘勢騰向右方。以肩、肘、腕促勁，雙手呈弧形膀出（圖1-189）。

161. 右雙捋掌

依上勢，身往後仰，兩肘下沉至將台，不能脫腰（圖1-190）。

圖1-190

162. 雙標指掌

依上勢，左腳上前向右腳併攏成拍腳鉗陽馬。以肩、肘、腕促勁，雙捋掌向右方，並斜向上方標出（圖1-191）。

圖1-191

163. 雙下按掌

依上勢，雙手以長橋運氣，用掌根勁向下按（圖1-192）。

圖1-192

圖1-193

164. 雙弓背掌

依上勢，以長橋運氣，雙手背由下向上打至齊眉高（圖1-193）。

圖1-194

165. 雙對指掌

依上勢，以長橋運氣，雙手四指相對內插（圖1-194）。

圖1-195

166. 雙下插指

依上勢，以長橋運氣，雙手（對指）同時下插（圖1-195）。

167. 雙擺指掌

依上勢，以長橋運氣，雙手指向掌背外擺（圖1－196）。

168. 雙長劍掌

依上勢，以長橋運氣，用大拇指勁回扣，然後使四指平起（圖1－197）。

169. 雙日字拳

依上勢，以長橋運氣，四指由小指起握拳（圖1－198）。

圖 1–196

圖 1–197

圖 1–198

圖 1-199

圖 1-200

圖 1-201

170. 雙將台拳

依上勢，以肘底勁緩緩收回至將台（圖1-199）。

171. 偷彈後踩

依上勢，用右腳跟帶動腳突然向後踩出（圖1-200）。

拆門解義

與左方向相反使用。

172. 抽腳前撩

依上勢，左腳突然向前，以腳尖勁向右方撩起（圖1-201）。

173. 偷彈踩腳

依上勢，左腳以腳跟蹬成虎腳，以二字鉗陽馬歸原位（圖1-202）。

拆門解義

抽腳前撩、偷彈踩腳和前撩後踩都是詠春拳中的絕招，撩、踩二腳是主要的攻擊腳法，其殺傷力之大在武術界被稱奇叫絕。

圖 1-202

174. 正左按掌

依上勢，左拳化掌促勁往下按，掌刀向外，掌心朝下（圖1-203）。

圖 1-203

175. 正右按掌

依上勢，左按掌化為豹拳收回將台，右拳轉為下按掌，並用掌根勁下按，掌刀向外，掌心朝下（圖1-204）。

圖 1-204

圖 1-205

176. 正左按掌

依上勢，左拳化掌下按，掌刀向外，掌心朝下，右手握拳反抽回至將台（圖1-205）。

圖 1-206

177. 推右上掌

依上勢，右拳化豎掌向正前方推出，左掌反轉握拳收回至將台（圖1-206）。

圖 1-207

178. 推左上掌

依上勢，左掌化豎掌向正前方推出，右掌握拳轉單柱並用肘底勁拖回至將台成將台拳（圖1-207）。

179. 推右上掌

依上勢，右拳化豎掌向正前方推出，左手握拳緩緩收回至將台（圖1-208）。

圖 1-208

180. 左日字拳

依上勢，左豹拳衝出成日字拳，右豎掌握拳反轉用肘底勁收回至將台（圖1-209）。

圖 1-209

181. 右日字拳

依上勢，左豹拳衝出成日字拳，左日字拳用肘底勁緩緩收回至將台（圖1-210）。

圖 1-210

圖 1-211

182. 左日字拳

依上勢，左豹拳衝出成日字拳，右日字拳緩緩收回至將台（圖1-211）。

圖 1-212

183. 右插沙掌

依上勢，右拳化掌，以肩、肘、腕促食指、中指和拇指勁往下斜插，左拳緩緩收回至將台成豹拳（圖1-212）。

圖 1-213

184. 左插沙掌

依上勢，左拳化掌，用食指、中指和拇指勁往下斜插；同時，右插掌化拳外旋並以肘底勁收回至將台（圖1-213）。

185. 雙插沙掌

依上勢，右拳化掌，用食指、中指和拇指勁往下斜插，左插掌不動（圖1–214）。

圖1–214

186. 雙拳內扣

依上勢，雙插掌化拳用勁內扣（圖1–215）。

圖1–215

187. 雙掛拳法

依上勢，雙沉肘，雙拳掛出（圖1–216）。

圖1–216

圖 1-217

188. 將台豹拳

依上勢，用雙肘底勁將雙拳緩緩收回至將台（圖1-217）。

圖 1-218

189. 雙下按掌

依上勢，雙豹拳化掌，然後下垂成垂肩雙按掌，指尖朝前（圖1-218）。

圖 1-219

190. 鉗陽內收

依上勢，二字鉗陽馬，雙腳跟同時向內收一步（圖1-219）。

191. 鉗陽外收

依上勢，腳尖同時向內收一步（圖1–220）。

圖 1–220

192. 拍腳鉗陽

依上勢，兩腳跟同時向內移半步（圖1–221）。

圖 1–221

193. 鉗陽還原

依上勢，雙掌自然垂直（圖1–222）。

圖 1–222

標　　指

一、標指的特點及學習方法

標指是詠春拳的高級套路，是詠春三套拳基本拳中最深的一套拳。它主要的特點是將動作化作一個有一定尺寸的圓體，並依這個圓體的方向和力點的不同貼身進行搏擊。例如，套路中的「三扣肘」十分講究力的角度，每發一肘都有其不同的發力方向，並兼顧了中距離和長橋的打法。練習移步時要求穩固，要求能發出最佳的、剛柔兼備的寸勁，並強調六合的運用。

如果說練習小念頭時要求的是「守如處子」，而練標指時的要求則是「動如猛虎」；小念頭要求達到的是陰柔綿綿不斷的意念，而標指訓練要求達到的則是發出柔韌如山中之老藤的寸勁，它最高深的造詣是能在瞬間和極短的距離內打出驚人的勁力（爆發力）。初練標指的人都會感覺到它所發的勁既不同於小念頭，也不同於尋橋，是以腳、膝、胯、肩、肘和腕等綜合在一起的力量，寸勁及抖勁是標指功力的主要表現和追求。所以，練習標指如能達到高深境界，發勁時會使對手感到如遇下山之猛虎，往往只有招架之功，絕無還手之力。

從標指的訓練中，我們會發現詠春拳每出一個動作都是以大臂帶動小臂，小臂帶腕指並扣拇指和放鬆手腕向下微轉，走螺旋形，以達到「四兩撥千斤」之功效。練習詠春三套拳後，你會進一步理解詠春拳中力學原理的精髓：運氣發力中運用了矛盾對立統一的辯證法，間接與直接、被動與主動在一定的條件下會相互轉化的辯證關係；在防守時採用的「閃側」和「俯仰」等，即以弱勝強，以柔力勝猛勁，避實而擊虛，以退為進，指上打下，佯攻而實退，似退而實進的辯證統一的道理。

　　所謂「閃側」，內涵就是避實擊虛。在實戰搏擊中，由方向、角度和重心的突然轉換，同時突然發勁，使手、腰、腳相隨，不與對方作硬橋硬馬的頂撞，而是由突然的閃側來化解對方攻擊的來勢，使對方的進攻難以奏效。

　　所謂「俯仰」，就是將身體由上身與馬步的微動，產生虛實難判的功效，使對方的攻擊不斷地落空，即使對手挾千鈞之力而發的攻擊也難占上風，而我則可乘對方攻擊落空身體失去平衡時，迅速發起反擊，這就是詠春拳以靜制動的基本原理。矛盾是對立統一的，世界上任何一對矛盾都是相對的，缺少任何一方都不可能成為矛盾，而詠春拳就是運用了矛盾的辯證關係去構成每一個招式和手法。拳訣的「裏簾必爭」，即是被動變主動之意。例如在外簾是處於被動狀態，但詠春拳通過割擺手腕或留中或起肘、沉肘、圈走腕部等，就搶得了內簾而使被動變成主動。以退為攻，退者守也，退即退步救腰，為進攻做好準備；而以靜制動，就是牽引關係，即分散對手的注意力，真正制服對方。以上所講的都是詠春三套拳精髓之所在。

圖2-1

圖2-2

圖2-3

二、標指的套路、動作要領及用法

1. 拍腳鉗陽

依圖2-1勢，兩腳併攏站立，雙膝向左右微開，雙腳掌全著地並鉗緊地面，沉腰、提肛，環跳凹陷，開膝（不能下跪）。

2. 垂肩垂掌

依上勢，雙手自然下垂，掌心朝向大腿側並緊貼褲縫，雙拇指向前緊扣，四指併攏向下，雙手促勁沉肩（圖2-2）。

3. 開鉗陽馬

依上勢，雙腳前腳掌緊鉗地面，雙腳跟略離地面往左右移開一步，落地後前腳掌往左右移開一步，雙腳前腳掌著地後，後腳跟再往左右移開半步成「11」字形，開膝、沉腰，環跳凹陷及會陰上提，氣沉丹田，上身挺

立（不宜後仰或前傾）（圖
2-3）。

4. 垂肩雙掌

依上勢，以肩、肘、腕
發勁轉動雙掌往外攤成半陰
陽仰掌，掌心向前，四指併
攏，拇指緊扣（圖2-4）。

圖 2-4

5. 抽將台掌

依上勢，以肩、肘、腕
勁帶動肘提抽至將台，掌心
向上，兩肘內收，氣至中丹
（圖2-5）。

圖 2-5

6. 中宮插沙

依上勢，用肩、肘、腕
促勁，掌心向內，兩臂交
叉，左外右內，拇指緊扣，
四指併攏向下插（圖2-6）。

圖 2-6

圖2-7

圖2-8

圖2-9

7. 雙掛豹拳

依上勢，雙掌握拳反轉，用沉肘底勁使雙拳自然掛出（圖2-7）。

8. 將台豹拳

依上勢，以肩、肘、腕勁帶動雙肘緩緩收回至將台，兩肘內收，氣存中丹（圖2-8）。

拆門解義

雙掛豹拳、將台豹拳又稱為掛面拳，可拆單使用，如能掌握並熟練地運用，殺傷力很大。例如，在雙黏手中，甲方突然沉肘，使雙拳向乙方頭、胸部掛出，如乙方用攤手及膀手進行攔截，甲方即可坐馬，並以右手擒拿乙方，同時打擊其右腳，這便是招上打下絕招之一——將台豹拳緩後肘之法（圖2-9、圖2-10）。可參見本系列書第二冊中的小念頭套路。

圖 2-10

9. 左日字拳

依上勢，將左豹拳變日字拳，從將台緩緩地向前方打出（圖2-11）。

圖 2-11

10. 十字擺指

依上勢，拇指緊扣，四指併攏，向前直標（圖2-12）。

圖 2-12

圖 2-13

11. 十字下擺

依上勢，以長橋運氣，緊扣拇指，四指併攏，用指尖力向下插（圖2-13）。

圖 2-14

12. 十字上擺

依上勢，用指尖力上插（圖2-14）。

圖 2-15

13. 十字下擺

依上勢，緊扣拇指，四指併攏，用指尖力下插（圖2-15）。

14. 十字壓擺

依上勢，左手以肩、肘、腕促勁轉掌，拇指下壓，轉為平掌（圖2-16）。

15. 十字左擺

依上勢，長橋運氣，緊扣拇指，四指緩緩插向左方（圖2-17）。

16. 十字右擺

依上勢，緊扣拇指促勁，力貫四指，緩緩地插向右方（圖2-18）。

圖 2-16

圖 2-17

圖 2-18

圖2-19

17. 十字左擺

依上勢，緊扣拇指促勁，力貫四指，緩緩地插向左方（圖2-19）。

圖2-20

18. 十字內擺

依上勢，緊扣拇指促勁，力貫四指向內插，然後運氣下插（圖2-20）。

圖2-21

19. 十字下擺

依上勢，以長橋運氣下插，並以虎口、掌背外擺成下擺指（圖2-21）。

20. 十字外擺

依上勢，拇指內扣，促勁使四指翹平（圖2-22）。

圖 2-22

21. 左日字拳

依上勢，四指擺平後，從小指起握拳（圖2-23）。

圖 2-23

22. 將台豹拳

依上勢，用肘底勁緩緩收左拳回將台（圖2-24）。

圖 2-24

圖 2-25

圖 2-26

圖 2-27

23. 右日字拳

依上勢，用肩促勁旋腕，化右豹拳為日字拳，緩緩向前衝出，目光注視拳口，左豹拳抽緊（圖2-25）。

24. 十字擺指

依上勢，拇指緊扣促勁，四指向前直標（圖2-26）。

25. 十字下擺

依上勢，拇指緊扣促勁，以長橋運氣至腕發勁，使四指下插（圖2-27）。

26. 十字上擺

依上勢，以長橋運氣至腕發勁，四指上翹（圖2-28）。

圖 2-28

27. 十字下擺

依上勢，拇指緊扣，四指促勁下插（圖2-29）。

圖 2-29

28. 十字壓擺

依上勢，以肩、肘、腕發勁至勞宮，轉平掌（圖2-30）。

圖 2-30

圖 2-31

29. 十字右擺

依上勢，以長橋運氣至腕發勁，四指右插（圖2-31）。

圖 2-32

30. 十字左擺

依上勢，拇指緊扣，以腕促勁，四指向左插（圖2-32）。

圖 2-33

31. 十字右擺

依上勢，以腕促勁，拇指緊扣，四指向右插（圖2-33）。

32. 十字內擺

依上勢，以長橋運氣，反掌（掌心向上）內插，掌心向內轉腕下插（圖2-34）。

圖 2-34

33. 十字下擺

依上勢，以長橋運氣，掌背、虎口外擺成下插指（圖2-35）。

圖 2-35

34. 十字外擺

依上勢，四指上翹成平指（圖2-36）。

圖 2-36

圖 2-37

35. 右日字拳

依上勢，以長橋運氣握拳，從小指握起（圖2-37）。

圖 2-38

36. 將台豹拳

依上勢，用肘底勁將拳緩緩收回至將台（圖2-38）。

圖 2-39

37. 左單拜掌

依上勢，左豹拳化拜佛掌推向右肩前（圖2-39）。

38. 擊右上肘

依上勢，以腰勁轉向左方，用左拜掌摸按右掌背，右肘由後繞起（臂貼耳根），向左方撞下，身腰前俯（圖2-40）。

圖 2-40

39. 回右上肘

依上勢，以腰馬勁帶肘由身前翹起，腰微仰呈小閃側勢（不可脫腰），用肘勁緩緩向後方下沉，至腰馬中線位（圖2-41）。

圖 2-41

40. 擊左上肘

依上勢，用右手反摸按左手背，然後身腰轉向右方，以左肘貼耳根，身腰前俯，目光注視正前方（圖2-42）。

圖 2-42

41. 回左上肘

依上勢，身、腰、肘全起呈小閃側勢（不能脫腰），左臂貼耳繞向後沉，至腰馬中線位（圖2-43）。

圖2-43

42. 擊右上肘

依上勢，身腰轉向右方，用左掌摸按右掌背，然後右臂貼右耳根向左方壓下，身腰前俯，目光注視正前方（圖2-44）。

圖2-44

43. 回右上肘

依上勢，身腰微仰呈小閃側勢，手沉至中線下（圖2-45）。

圖2-45

44. 上步標指

依上勢，右腳向前上一步成拍腳鉗陽馬。雙掌向左前方直標（圖2-46）。

圖 2-46

45. 雙擺指掌

依上勢，以雙肩、肘、腕運氣至指尖，發勁向外、內、外插掌（圖2-47）。

圖 2-47

46. 雙對指掌

依上勢，掌心反轉向內，雙腕促勁，拇指緊扣，四指內插，成對指掌（圖2-48）。

圖 2-48

圖 2-49

47. 雙下擺指

依上勢,以腕促勁,雙指下插(圖2-49)。

圖 2-50

48. 雙外擺指

依上勢,以虎口促勁,成雙下插指掌(圖2-50)。

圖 2-51

49. 雙長劍掌

依上勢,氣貫指尖,上翹成平指(圖2-51)。

50. 雙長橋拳

依上勢，（從小指起）握拳，然後收於將台（圖2-52）。

51. 將台豹拳

依上勢，以長橋運氣，用肘底勁拖回至將台成豹拳（圖2-53）。

52. 偷馬將拳

依上勢，偷右後馬，同時身、腰、馬坐正，成將台豹拳（圖2-54）。

圖 2-52

圖 2-53

圖 2-54

圖 2-55

圖 2-56

圖 2-57

拆門解義

在標指中的擊右上肘是以肘尖經耳側由上往下撞的一種攻擊法，這種肘部攻擊法可用在貼身散打時出其不意地打擊對手的面部、鎖骨和胸部。如在黏手中甲方可突然地用肘尖撞擊乙方面部或胸部（圖2-55、圖2-56）。

【例1】

甲方以左沖拳打乙方中路，乙方即以中下膀手進行攔截（圖2-57）。

乙方隨即大步向前用右肘擊甲方頭部（圖2-58）。

圖 2-58

53. 右單拜掌

依上勢，右豹拳化拜佛掌推至中線成右拜佛掌（圖2-59）。

圖 2-59

54. 擊左上肘

依上勢，左豹拳化掌起肘，然後身、腰、馬向右轉，用右拜掌壓左掌背，左肘由後翹起，以左臂貼耳向右方壓下，身略前俯，目光注視正前方（圖2-60）。

圖 2-60

圖 2-61

圖 2-62

圖 2-63

55. 左回上肘

依上勢，以身、腰促勁挺起，肘、臂隨身腰貼耳根向後方，至腰馬中線位（圖2-61）。

56. 擊右上肘

依上勢，身、腰、馬同時轉左方，右肘由後翹起，以臂貼右耳根向左上方撞擊（左掌壓右掌背），身腰略前傾，目光注視正前方（圖2-62）。

57. 右回上肘

依上勢，以身、腰促勁起肘，肘向後方下沉，身微仰至腰馬中線位（圖2-63）。

58. 擊左上肘

依上勢，身、腰、馬轉向右方（右掌轉壓左掌背），左肘由後下翹起，以臂貼左耳根向右下方撞下，身腰略前仰，目光注視正前方（圖2-64）。

圖 2-64

59. 雙標指掌

依上勢，以身、腰促勁挺起，向後微仰呈小閃側勢，肘、臂經耳根下至腰上。然後，左腳上步成拍腳鉗陽馬。最後左右雙掌同時向前標出（圖2-65）。

圖 2-65

60. 雙擺指掌

依上勢，以長橋運氣，雙掌同時內插、外插再內插（圖2-66）。

圖 2-66

圖 2-67

61. 雙對指掌

依上勢，以長橋運氣，雙橋反轉成雙掌，掌心向內，四指內插（圖2-67）。

圖 2-68

62. 雙下插掌

依上勢，雙掌以腕促勁下插（圖2-68）。

圖 2-69

63. 雙外擺指

依上勢，四指促勁，用掌背向外擺（圖2-69）。

64. 雙長橋掌

依上勢，以四指促勁，拇指緊扣，四指平起成前插指（圖2-70）。

65. 雙長橋拳

依上勢，雙手握拳（從小指握起）（圖2-71）。

66. 將台豹拳

依上勢，雙拳用肘底勁收回至將台成豹拳（圖2-72）。

圖 2-70

圖 2-71

圖 2-72

圖 2-73

圖 2-74

圖 2-75

67. 偷馬將拳

依上勢，左腳後彈，身、腰、馬全面向正轉，成雙弓鉗陽馬（圖2-73）。

拆門解義

同左方向相反使用。

68. 左單拜掌

依上勢，左豹拳化掌推至右肩前（圖2-74）。

69. 擊右中肘

依上勢，左拜佛掌壓在右掌上，身、腰、馬向左轉，右肘橫撞對方（身腰略前俯），肘下沉一拳位，運六合力促腰勁，往後小閃側，肘如帶物，緩緩將身腰右轉正（圖2-75）。

70. 右側直標

依上勢，當身帶腰轉使肘至正中位時，身腰突然左回，標出右側掌，左拜佛掌護於胸前（圖2-76）。

圖 2-76

71. 標左陰掌

依上勢，左拜掌從右側出掌向上標出，右側掌回收至將台成仰掌（圖2-77）。

圖 2-77

72. 標右陽掌

依上勢，左陰掌回收右胸前成拜佛掌，右豹拳變右推掌，直標出成陽掌（圖2-78）。

圖 2-78

圖 2-79

73. 黏摸標指

依上勢，身、腰、馬坐正，左拜掌收回至將台，右仰掌化黏蕩掌摸至左肩，四指擺右後向右方直標（圖2-79）。

圖 2-80

74. 蕩捋按掌

依上勢，上橋捋掌回正後摸按下掌（圖2-80）。

圖 2-81

75. 左插右收

依上勢，左豹拳化掌，運肩、肘、腰勁下插，右按掌內圈握拳，收回至將台成豹拳（圖2-81）。

76. 左攤圈手

依上勢，左插掌轉腕成外攤掌，拇指緊扣，四指內插，圈半圈後準備握拳（圖2-82）。

圖 2-82

77. 將台豹拳

依上勢，運肘底勁收回至將台成豹拳（圖2-83）。

拆門解義

右中肘、右側掌、左陽掌和右陰掌，都是由扭腰以肘尖撞擊對方太陽穴等部位的招式，獨特的攻擊肘法加之側掌（為標指）及左陰掌，其用途是化解對方的直線沖拳和打擊對方的眼、頸、喉等部位，這三式都是為了同一目的，就是攻擊對手的頭部，在實戰中可瞬間使對手失去戰鬥力。

圖 2-83

圖 2-84

【例 1】

在雙人黏手時，乙方以右橋手內帶對方左手，利用掌壓對方右手形成以一伏二，使甲方雙手被制，乙方可趁此機會用陰陽掌攻擊甲方，或陽掌封喉（圖2-84、圖2-85）。

圖 2-85

【例 2】

乙方用右手標指（或拳）打甲方中路，甲方即可用攤手攤住乙方的來手，並突然下按乙方右手，同時標出陰掌直插乙方的喉部（圖2-86、圖2-87）。

圖 2-86

圖 2-87

圖 2-88

圖 2-89

【例 3】

在雙黏手中，甲方突然
用左中肘擊乙方（圖2-88、
圖2-89）。

圖 2-90

圖 2-91

圖 2-92

78. 右單拜掌

依上勢，右拳變拜佛掌推向左方，左拳同時變掌（右掌壓住左掌背）（圖2-90）。

79. 擊左中肘

依上勢，肘由橫上撞下至右方，身腰前俯，肘下沉一拳位，身腰挺起轉左（呈小閃側勢），身腰、馬帶橫肘位於腰後（圖2-91）。

80. 標左側掌

依上勢，腰馬突然右轉，左掌以側掌擊出，右拜掌護左肩（圖2-92）。

81. 標右陰掌

依上勢，左掌握拳拖回至將台（右拜掌壓左手），然後標出右陰掌（圖2-93）。

圖2-93

82. 標左陽掌

依上勢，左豹拳化仰掌向前方直標，掌心向上成陽掌，右陰掌收回成護掌（圖2-94）。

圖2-94

83. 黏摸標指

依上勢，左仰掌化黏摸蕩掌，身腰馬同時轉正，左掌摸至右肩，四指左擺，收肘至左肩直標出左方（圖2-95）。

圖2-95

圖 2-96

84. 蕩捋按掌

依上勢，用掌根勁摸下正前方，四指尖微翹（圖2-96）。

圖 2-97

85. 右插左收

依上勢，右豹拳變掌下插成左按掌，然後反轉握拳，用肘底勁拖回將台（圖2-97）。

圖 2-98

86. 右攤圈手

依上勢，右手反轉圈半圈，準備握拳（圖2-98）。

87. 將台豹拳

依上勢，右拳用肘底勁收回至將台成豹拳（圖2-99）。

拆門解義

擊左中肘與擊右中肘相反使用。

88. 左單拜掌

依上勢，左拳化掌推至右肩前（圖2-100）。

89. 擊右下肘

依上勢，以左掌壓右掌背並貼於右腋，右肘隨身腰轉左前俯，肘撞下（圖2-101）。

圖 2-99

圖 2-100

圖 2-101

90. 帶右下肘

依上勢，右肘下沉如鉤物狀，以身腰向後帶（圖2-102）。

圖 2-102

91. 直標側掌

依上勢，身腰突然左轉，向前標出右側掌；同時，左拜佛掌收在右胸前（圖2-103）。

圖 2-103

92. 左標陰掌

依上勢，左拜佛掌貼側掌背，然後直標出成陰掌；右側掌握拳，用肘底勁收回至將台成仰掌（圖2-104）。

圖 2-104

93. 右標陽掌

依上勢，右拳變掌並以掌根勁仰掌往前方斜下插，運身腰及全身勁，左陰掌變拜佛掌收回護於右肩（圖2-105）。

94. 雙騎龍掌

依上勢，當右陽掌標出時，左拜佛掌立即收回，身、腰、馬同時轉正成二字鉗陽馬，而手翹起成交叉，騎龍掌以左手在內、右手在外（圖2-106）。

95. 雙捋按掌

依上勢，雙騎龍掌同時上按，到位時抽出右掌按在左掌背上（圖2-107）。

圖 2-105

圖 2-106

圖 2-107

圖 2-108

96. 雙豹掛拳

依上勢，雙掌握拳內扣，沉肘，雙拳掛出（圖2-108）。

圖 2-109

97. 將台豹拳

依上勢，雙拳同時運肘底勁收回至將台成豹拳（圖2-109）。

圖 2-110

拆門解義

擊右下肘與上肘、中肘同時使用，如直標側掌、左標陰掌和右黏陰掌可連貫地使用。例如，甲、乙雙方黏打中，當甲方直標側掌被乙方攔截時（圖2-110、圖2-111）。

圖 2-111

甲方突然轉腰、馬打出右陽掌；甲方陽掌被乙方膀手攔住，即沉腕轉橋，標出右陰掌（圖 2-112、圖 2-113）。

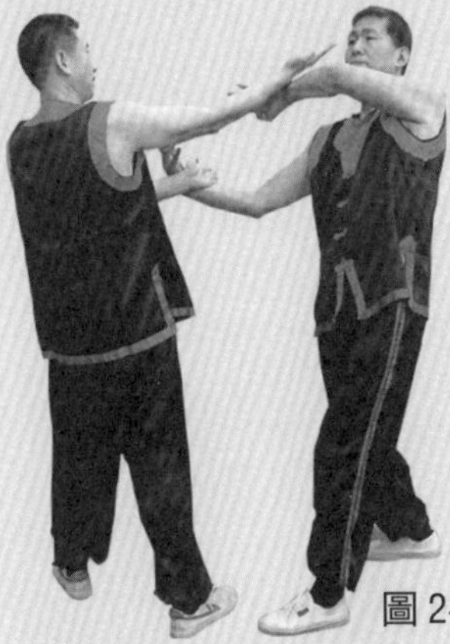

圖 2-112

圖 2-113

98. 右單拜掌

依上勢，右豹拳變拜佛掌推至左肩前方，右豹拳變曲掌（右手心壓左腕背上）（圖2-114）。

圖 2-114

99. 擊左下肘

依上勢，左肘從後翹起，以臂向右方撞下，身腰前俯，抬頭前看（圖2-115）。

圖 2-115

100. 標左側掌

依上勢，肘下沉，以身腰往左方後帶，突然身腰彈回，標出左側掌，右拜掌收回左前胸（圖2-116）。

圖 2-116

101. 標右陰掌

依上勢，右拜佛掌變陰掌，壓左側掌後直標出陰掌，左掌化拳收回至將台（圖2-117）。

圖 2-117

102. 標左陽掌

依上勢，右陰掌變拜佛掌後收回至左肩前，左豹拳變仰掌，向前斜插（圖2-118）。

圖 2-118

103. 雙騎龍掌

依上勢，身腰、馬同時轉正成鉗陽一字馬，左掌變成騎龍掌（右內左外）（圖2-119）。

圖 2-119

圖 2-120

104. 雙捋按掌

依上勢，雙掌同時下按，左掌抽出後又按下，壓住右掌背（圖2-120）。

圖 2-121

105. 雙豹掛拳

依上勢，雙豹拳內扣、沉肘，雙拳掛出（圖2-121）。

圖 2-122

106. 將台豹拳

依上勢，雙拳用肘底勁緩緩收回至將台（圖2-122）。

107. 右耕左攔

依上勢，以身腰、馬促勁，身體向左轉，左手以插掌往下攔，右手以肩、肘、腕促勁使右攤手耕向左方（注意留中）（圖2-123）。

圖 2-123

108. 左耕右攔

依上勢，身腰、馬轉向右方，右耕手轉下攔手，左下攔手攤轉成上耕手（圖2-124）。

圖 2-124

109. 右耕左攔

依上勢，身腰、馬促勁轉左，左耕手往下膀成攔手，右手以肩、肘、腕勁使右攔手再轉攤成耕手（圖2-125）。

圖 2-125

圖 2-126

110. 雙捋按掌

依上勢，身體轉正，面向正前方，雙手雙騎龍掌同時下按，左掌抽出後再下按（按在右掌背上）（圖2-126）。

圖 2-127

111. 雙掛豹拳

依上勢，雙手內扣、沉肘，雙拳掛出（圖2-127）。

112. 將台豹拳

依上勢，雙拳用肘底勁緩緩收回至將台成豹拳（圖2-128）。

拆門解義

左、右耕攔手，在標指中也可稱為「交叉攤手」。這招可對付對手的高腳攻擊。

圖 2-128

【例1】

甲方以沖拳向乙方胸前打來，乙方即可用耕攔手攔截，當攔住甲方來拳時，右耕手即變陰掌殺向甲方頸部（圖2-129、圖2-130）。

圖 2-129

圖 2-130

【例2】

甲方用腳攔腰橫掃乙方左肋部，乙方即可側身以耕攔手攔截甲方打來的腳，同時大轉身，右攔手變攤手，而左耕掌化拳打向甲方肋部（圖2-131、圖2-132）。

圖 2-131

圖 2-132

圖 2-133

圖 2-134

【例3】

　甲方用腳橫掃乙方胸部，乙方即以耕攔手進行攔截，當左手攔住甲方腳時，即轉身以右耕手殺向甲方臉部（圖2-133、圖2-134）。

113. 左耕右攔

依上勢，以身腰、馬促勁，身向右轉，左右拳化掌，右掌以右肩、肘、腕勁下插成攔手，左掌以肘、腕勁攤出成耕手（圖2–135）。

114. 右耕左攔

依上勢，身腰、馬由右轉左，左耕手轉下攔手，右下攔手攤轉成上耕手（圖2–136）。

115. 左耕右攔

依上勢，以身腰、馬促勁，上身體轉右，右耕手向下插成下攔手，左下攔手轉攤成耕手（圖2–137）。

圖2-135

圖2-136

圖2-137

圖 2-138a

圖 2-138b

116. 雙捋按掌

依上勢，雙捋按掌之前是雙騎龍掌、緊跟著是雙捋按掌二圖，以身腰、馬促勁，上身轉正後雙掌下按，右掌抽出後再下按（按在左掌上）（圖2-138a、圖2-138b）。

圖 2-139

117. 雙掛豹拳

依上勢，雙掌握拳內扣、沉肘，雙拳掛出（圖2-139）。

118. 將台豹拳

依上勢，用肘底勁緩緩收回至將台成豹拳（圖2-140）。

拆門解義

右耕攔手與左相反運用。

圖 2-140

119. 黏摸蕩標

依上勢，右拳化掌，黏摸左肩拖回至右肩前；同時，左豹拳變陰掌，以肩、肘、腕促勁向左方標出（圖2-141）。

圖 2-141

120. 黏摸蕩標

依上勢，左標指黏摸右肩，拖回至左肩前，右掌四指轉向右邊，收肘向右方標出（圖2-142）。

圖 2-142

圖 2-143

圖 2-144

圖 2-145

121. 黏摸蕩標

依上勢，右掌化單抱月掌，向左黏摸至左胸後拖回至右胸前；左掌四指外擺，收肘後向左方標出（圖2-143）。

122. 前下捋掌

依上勢，左標指擺向正前方，以掌根發勁往下捋，右豹拳收回至將台（圖2-144）。

123. 左騎龍掌

依上勢，身腰、馬轉左方，以肩、肘、腕促勁，成左單騎龍掌（圖2-145）。

124. 正左橫掌

依上勢，隨著身腰、馬轉下，左單掌（單騎龍掌）打出成左橫掌（圖2-146）。

圖 2-146

125. 左騎龍掌

依上勢，身腰馬向左轉兩次，提左騎龍掌（圖2-147）。

圖 2-147

126. 正左橫掌

依上勢，身腰隨馬轉正，左騎龍掌直打出正面成橫掌（圖2-148）。

圖 2-148

圖 2-149

圖 2-150

圖 2-151

127. 左騎龍掌

依上勢，身腰、馬全向左轉，左掌成騎龍單掌（圖2-149）。

128. 正左橫掌

依上勢，隨著身腰、馬全面正轉，左掌打出第三次，成正左橫掌（圖2-150）。

129. 圈割擺拳

依上勢，四指內扣，下標、外擺成翹平指，然後握拳（圖2-151）。

130. 將台豹拳

依上勢，用肘底勁緩緩收回至將台成豹拳（圖2-152）。

拆門解義

黏摸蕩標，騎龍掌、正橫掌和圈割擺拳，在標指中是一組連貫的攻防套路，它充分顯示出連削帶打的威力。黏摸蕩標的實戰應用見下例。

圖 2-152

圖 2-153

圖 2-154

【例1】

乙方用日字拳打向甲方，甲方黏住乙方來手後，隨即摸左轉身，標出右標指打向乙方（圖2-153、圖2-154）。

圖 2-155

【例2】

乙方用日字拳打向甲方，甲方用右騎龍掌按住乙方來手，隨即出正橫掌打向乙方肋部（圖2-155、圖2-156）。

圖 2-156

圖 2-157

【例3】

乙方上步用日字拳打向甲方腹部，甲方即以騎龍掌按住乙方右拳，同時迅速上步打出右橫掌；當右橫掌被乙方左伏手按住時，甲方隨即以左手打出左橫掌，同時右橫掌外擺，並用二桐手內轉，標出右標指打向乙方臉部（圖2-157～圖2-159）。

圖 2-158

圖 2-159

131. 黏摸蕩標

依上勢，左豹拳變單抱
掌黏摸至右肩前，再以肘勁
拖至左肩前，然後右豹拳變
陰掌，四指外帶標出右方
（圖2-160）。

圖 2-160

圖 2-161

132. 黏摸蕩標

依上勢，右掌變抱月掌
向左摸至右肩前，左掌四指
外擺直標出（圖2-161）。

圖 2-162

133. 黏摸蕩標

依上勢，左標指手變抱
月掌由右肩摸至左肩前面，
右掌四指外帶直標出（圖2-
162）。

圖 2-163

134. 正前捋掌

依上勢，右掌擺前摸
下，左手化豹拳收回至將台
（圖2-163）。

135. 右騎龍掌

依上勢，身腰、馬向右轉，右手成騎龍掌（圖2-164）。

圖 2-164

136. 正右橫掌

依上勢，身腰馬轉正，右掌直標出成橫掌（圖2-165）。

圖 2-165

137. 右騎龍掌

依上勢，以身腰、馬促勁轉右，右手變騎龍掌（圖2-166）。

圖 2-166

圖 2-167

圖 2-168

圖 2-169

138. 正右橫掌

依上勢，身腰、馬轉正，右騎龍掌向前直打出成橫掌（圖2-167）。

139. 右騎龍掌

依上勢，身腰、馬轉右，右手變騎龍掌（圖2-168）。

140. 正右橫掌

依上勢，身腰馬轉正，右騎龍掌打出成正橫掌（圖2-169）。

141. 圈割握拳

依上勢，拇指緊扣，四指併攏內插、下插、外擺、翹指平插，然後握拳（圖2-170）。

圖 2-170

142. 將台豹拳

依上勢，用肘底勁將拳緩緩收回至將台成豹拳（圖2-171）。

拆門解義

與左黏摸蕩捋的使用相同。

圖 2-171

143. 雙推山掌

依上勢，雙豹拳化雙豎掌後向前推出，成長橋豎掌（圖2-172）。

圖 2-172

圖 2-173

144. 左沉龍掌

依上勢，身腰左轉，左掌變沉龍掌，右掌在左肘位成拜掌（圖2-173）。

圖 2-174

145. 正閂攔掌

依上勢，身腰、馬轉下，左沉龍掌化正閂攔掌，右拜佛掌護於左胸前（圖2-174）。

圖 2-175

146. 左割攔掌

依上勢，左割橋至左肋變下攤掌，右拜佛掌不動（圖2-175）。

147. 下按底掌

依上勢，下按掌以掌根勁向下打出，右拜佛掌不動（圖2-176）。

圖 2-176

148. 圈手握拳

依上勢，下按底掌四指併攏，然後下插、外擺、翹指後握拳，右拜佛掌同時變拳（圖2-177）。

圖 2-177

149. 將台豹拳

依上勢，左拳用肘底勁緩緩收回至將台成豹拳（圖2-178）。

拆門解義

雙推山掌、攔掌和下按底掌，在標指套路中屬雙推掌，是一招以雙掌齊出的攻擊法。這種雙推掌打法在貼身搏擊時可重創對方，如攻擊對方的肋骨及中丹、下丹等部位。

圖 2-178

圖 2-179

圖 2-180

圖 2-181

【例 1】

甲方用直沖拳打向乙方，乙方以左膀攔住對方，然後以沉腕、肘壓打甲方的頸部，也可用右掌打甲方背後（圖2-179、圖2-180）。

下按底掌與下路橫掌有所不同，下按掌以掌根部打在對方身體；而下路橫掌則是以掌刀部分攻擊對方要害的部位。

【例 2】

在黏手中，甲方突然用右閂攔掌外帶乙方的左手，並在對方防守有隙時立即打出右下按掌，也可用左掌打乙方的臉部（圖2-181、圖2-182）。

圖 2-182

150. 雙推山掌

依上勢，雙豹拳化雙推山掌，直推出胸前（圖2-183）。

圖 2-183

151. 右沉龍掌

依上勢，身腰、馬轉右，右掌化沉龍拳，左拜佛掌護於右胸前（圖2-184）。

圖 2-184

圖 2-185

152. 右閂攔掌

依上勢，身腰、馬轉正，右沉龍掌化閂攔掌，左拜佛掌仍然留在右胸前（圖2-185）。

圖 2-186

153. 右割攤掌

依上勢，以右閂攔掌割橋，再用肘底勁拖至右肋，反掌後四指下擺（圖2-186）。

圖 2-187

154. 下按底掌

依上勢，右掌反掌上前，促勁向斜下插，左拜佛掌不動（圖2-187）。

155. 圈手握拳

依上勢，右掌內插、下插、外擺翹指、握拳，然後右拜佛掌握拳（圖2-188）。

圖 2-188

156. 將台豹拳

依上勢，以肘底勁收回至將台成豹拳（圖2-189）。

圖 2-189

157. 鉗陽拜掌

依上勢，雙拳化拜掌合十於胸前（圖2-190）。

拆門解義

同左方向相反使用。

圖 2-190

圖2-191

158. 飛鶴展翅

依上勢，雙掌直上（氣過百會），雙手向左右弓開，雙手四指向下（圖2-191）。

圖2-192

159. 鶴步抱掌

依上勢，隨著坐馬下蹲，雙手成海底抱月狀，當與膝平時內收抱掌，兩手中指相對，然後反手成拜佛掌於胸前（圖2-192）。

圖2-193

160. 鉗陽拜掌

依上勢，雙掌合十提至胸前時成拜佛掌（圖2-193）。

161. 飛鶴展翅

依上勢，雙掌直上（氣過百會），雙手向左右弓開，兩手四指向下（圖2-194）。

圖 2-194

162. 鶴步抱掌

依上勢，隨著坐馬下蹲，雙手成海底抱月狀，當與膝平時內收抱掌，兩中指相對，然後反掌成拜佛掌（圖2-195）。

圖 2-195

163. 鉗陽拜掌

依上勢，雙掌合十提至胸前成拜佛掌（圖2-196）。

圖 2-196

圖 2-197

164. 飛鶴展翅

依上勢，雙掌直上（氣過百會），雙手向左右弓開，兩手四指向下（圖2-197）。

圖 2-198

165. 鶴步抱掌

依上勢，隨著坐馬下蹲，雙手成海底抱月狀，當雙手與膝平時內收抱掌，兩手中指相對，反掌成拜佛掌（圖2-198）。

圖 2-199

166. 鉗陽拜掌

依上勢，雙掌合十提至胸前時成拜佛掌（圖2-199）。

167. 前推山掌

依上勢，雙掌向前分開（掌心向前），以肩、肘、腕促勁將雙掌推向前方（圖2-200）。

圖 2-200

168. 雙拳內扣

依上勢，雙掌化拳促勁內扣（圖2-201）。

圖 2-201

169. 雙掛面拳

依上勢，雙肘下沉，雙拳迅速向正前方掛出（圖2-202）。

圖 2-202

圖 2-203

170. 將台豹拳

依上勢，以肘底勁將拳
緩緩收回至將台（圖2-203）。

圖 2-204

171. 雙下按掌

依上勢，雙豹拳反轉成
下按掌，以掌根勁順兩邊往
下按（圖2-204）。

圖 2-205

172. 鉗陽內收

依上勢，二字鉗陽馬，
腳跟微起向內收一步（圖2-
205）。